LETTRE

A

M. GAMBETTA

EN RÉPONSE

A SON DISCOURS DE ROMANS

par l'Abbé KERSAHO

RECTEUR DE LOCOAL-MENDON

LORIENT

IMPRIMERIE Louis CHAMAILLARD, LIBRAIRE-ÉDITEUR
place Bisson, 4

AVERTISSEMENT

Cette lettre a été écrite immédiatement après le discours de Romans de M. Gambetta ; elle devait paraître dans un journal catholique, mais elle a été égarée et n'a pu paraître à cette époque. Voici pourquoi l'auteur s'est décidé à la publier en brochure, six mois après le discours qui l'a motivée et auquel elle répond. Le gouvernement a changé de nom, il est vrai ; au lieu du Maréchal, c'est M. Grévy ; et M. Gambetta, de simple député, est passé président de la Chambre des députés ; mais, le programme de son discours de Romans, outre qu'il n'a pas été modifié par d'autres discours ultérieurs, semble toujours en honneur, sinon encore en vigueur dans les sphères gouvernementales [1], et la lettre qui répond à chaque partie ou plutôt à chaque menace de son discours, cette lettre, cri d'alarme de la religion catholique méconnue et attaquée, conserve aujourd'hui le même caractère d'actualité qu'elle avait le lendemain du fameux discours de Romans.

---

[1] Mais qui gouverne en France ? est-ce le Président ? non, il est irresponsable ; sont-ce les Ministres ? non, puisque, de même que les préfets et sous-préfets, ils tombent comme la pluie en hiver ; est-ce le Sénat ? non, puisqu'il est à la remorque de la Chambre basse ; serait-ce donc la majorité radicale de la Chambre ? mais alors ce serait une Convention. Qu'on le dise alors franchement.

LETTRE A M. GAMBETTA

EN RÉPONSE A SON DISCOURS DE ROMANS

Monsieur Gambetta,

Les cléricaux n'ont parlé de votre discours à Romans que pour faire remarquer les sentiments, les témoignages de haine et les menaces que vous leur prodiguez ; mais ils n'ont pas fait attention aux grandes vérités qui embellissent votre éloquence et montrent la profondeur de votre esprit. Que la question cléricale tienne en suspens toutes les autres, c'est peut-être un peu exagéré, car beaucoup de républicains, et vous êtes de ce nombre, font assez bien leurs affaires, sans se préoccuper de ce que dit tel évêque ou tel moine ; mais que le cléricalisme soit un principe d'hostilité contre la pensée moderne, a-t-on jamais rien dit de plus sensé et de plus vrai ? Il est certain que les cléricaux *ultramontains*, *vaticanesques* (1), *monastiques*, *congréganistes*, *syllabistes* (2), comme vous les appelez, sont trop arriérés pour croire jamais que ce qui était vrai avant 89, soit devenu faux depuis, et que la nature des choses ait changé. Ils prétendent conserver le sens commun qui est de tous les temps, qui a son expression dans toutes les langues, et ils soutiennent qu'il ne doit pas être sacrifié même à la pensée moderne.

Vous aviez raison de dire que les protestants et les juifs ne sont pour rien dans le problème clérical. Vous rendez justice à l'esprit qui anime ces églises,

(1) Ou *Vaticanistes*. -- (2) Ou *Syllabistiques*.

aux protestants qui, divisés en mille sectes et toujours disposés à changer de croyances et même à ne rien croire, ne feront jamais une opposition sérieuse à la pensée moderne qu'ils ont créée et mise au monde ; aux juifs qui sont en trop petit nombre, qui tiennent plus à l'or qu'à la loi de Moïse, et qui ne demandent pas mieux [1] que de voir réussir votre projet d'abolir le Catholicisme [2].

Parmi les cléricaux, vous distinguez avec raison, et vous détestez plus que tous les autres les religieux, ces *maîtres dans l'art de faire des dupes*, dont les *usurpations incessantes* et les *empiétements sont intolérables*. Il faut donc croire que le plaisir de faire des dupes a en lui-même un souverain attrait, puisqu'on voit des milliers de jeunes gens renoncer à tous les autres plaisirs et à tous les avantages qu'ils trouveraient dans le monde, se vouer à une vie de privations et à des œuvres pénibles, dans le seul espoir de réussir dans cet art odieux. Qui le croirait, si vos affirmations ne devaient pas nous suffire ?

Ils sont d'une extrême ignorance ; ils *étouffent l'esprit public* ; ils sont *livrés* aux plus *grossières superstitions* ; mais ils couvrent tout cela sous les *combinaisons* les plus *subtiles* et les plus *profondes*. Ces deux accusations paraissent un peu contradictoires aux cléricaux, mais ils ne savent pas qu'Aristote n'a rien à voir dans le raisonnement moderne. Il est vrai qu'ils empiètent, mais sur l'égoïsme, sur la philantropie, et même sur les fonctions du bourreau dont ils diminuent le travail en enseignant et apprenant à observer les commandements de Dieu. Leurs usurpations sont incessantes, si vous entendez par là qu'ils vont partout où il y a quelque misère à soulager, des pauvres, des vieillards, des ignorants, des enfants abandonnés que d'autres laisseraient mourir au coin des rues. Ils remplissent le monde de

---

[1] En attendant toujours patiemment leur Messie jusqu'à la fin du monde inclusivement.

[2] Qui est l'abolition et le couronnement de la loi de Moïse.

leurs œuvres charitables, et portent la civilisation jusqu'aux extrémités de la terre. Si on ne se hâte pas de baillonner ces moines, de leur ôter tout moyen d'instruire l'enfance et la jeunesse, la France est perdue, et l'on verra bientôt les ténèbres de la barbarie la couvrir tout entière, et remplacer les glorieuses conquêtes de la révolution ; car si malgré leur petit nombre, malgré votre surveillance, vos lois, vos entraves, ils ont soumis l'Etat à *un siège en règle*, que sera-ce si on les laisse en liberté ?

Mais ce n'est peut-être pas ce qui mérite le plus votre juste colère ; vous avez à leur reprocher bien d'autres crimes pour lesquels vous voulez les faire disparaître. Mais comment vous y prendrez-vous ? Allez-vous les exterminer ? Vous ne voulez pas faire de martyrs ni devenir persécuteur. Qu'allez-vous donc en faire ? Allez-vous les envoyer à Nouméa remplacer vos amis ? Mais ils sont au nombre de 400,000, selon votre calcul, et qui sait s'ils ne deviendraient pas bientôt les maîtres de cette colonie ? Il faudra cependant prendre un parti. Vous les laisserez vivre, à condition qu'ils ne soient plus ni moines ni congréganistes, qu'ils ne passent plus leur temps à faire des dupes et qu'ils rentrent dans le monde [1]. Mais y avez-vous bien pensé ? Ces hommes qui *bercent le public par des mythes de religions enfantines*, et qui sont capables de masquer leurs fourberies des *combinaisons les plus subtiles* et les *plus profondes*, devenus aussi ambitieux par leur sécularisation que les plus purs radicaux, ne deviendront-ils pas dangereux pour vos amis, auxquels ils disputeront toutes les places dont ils s'empareront, et pour vous-même ; peut-être vous enverront-ils vendre des dragées à Cahors. Que deviendrait alors la République ?

Vous n'avez donc qu'à choisir entre ces deux moyens : ou les exterminer malgré votre horreur du sang et votre profond respect pour toutes les religions, ou les laisser dans leurs couvents débiter des

____

[1] Où on ne fait que cela.

fables. Laissez-les y donc, ils y sont moins dangereux.

Oui, s'ils ne faisaient autre chose que de se livrer
à leurs ridicules superstitions, vous vous seriez con-
tenté de hausser les épaules et de plaindre ceux qui
ont la simplicité d'écouter ces inepties ; mais ils se
rendent coupables d'un crime impardonnable, d'un
empiétement qui met la Patrie en danger et l'Etat
dans le plus grand péril, le tenant assiégé de toutes
parts. Comment donc? Leurs couvents sont-ils remplis
de munitions de guerre? S'exercent-ils au manie-
ment des armes? Non sans doute, mais ce qui est
encore plus dangereux, c'est qu'ils ont la coupable
témérité d'instruire la jeunesse, de lui enseigner tout
le contraire de ce que vous voulez qu'elle apprenne,
et de l'élever dans les principes religieux, si opposés
à la pensée moderne. *Le péril social, le voilà.*

Voilà aussi ce qui vous préoccupe depuis longtemps.
Les réflexions que vous inspire cet antagonisme, vous
les avez déjà exprimées ailleurs. Mais pouvez-vous
faire un discours sans revenir sur un objet qui vous
cause des craintes si sérieuses ? Ce qui n'empêche
pas les cléricaux de dire que les lauriers de Julien
l'Apostat vous empêchent de dormir.

Pour donner une preuve incontestable des enva-
hissements successifs et des usurpations incessantes
de l'esprit clérical, vous en rappelez à vos auditeurs
les dates : c'est en 1849 qu'ils s'infiltrent dans
l'instruction primaire ; c'est en 1850 que, non con-
tents de cette première usurpation, ils obtiennent la
liberté de l'instruction secondaire; enfin, leur audace
ne connaissant plus de bornes, à force de ruses et
d'intrigues, ils réussissent, par la faiblesse des deux
Chambres, à envahir l'enseignement supérienr, et
établissent des Universités rivales. Quelle audace !
N'aviez-vous pas raison de dire qu'ils mettent la main
sur l'Etat, et qu'il est perdu si on les laisse faire. Il
est vrai que toutes leurs entreprises ne coûtent rien
au trésor public, qu'ils font tout à leurs dépens, qu'ils
trouvent assez de niais et de mauvais citoyens pour

leur donner de l'argent ; que pour les remplacer, il
faudrait ajouter des centaines de millions à ceux que
nous consacrons à l'instruction publique ; mais ne
vaut-il pas mieux doubler les impôts que de permettre à ces représentants du moyen-âge d'enseigner
qu'il est un Dieu Créateur, et qu'il est nécessaire de
se soumettre à ses lois ?

Vous auriez pu ajouter, pour fortifier votre thèse,
que ce n'est pas seulement depuis 1849 que les cléricaux se sont infiltrés dans l'instruction ; il fallait
rappeler à vos auditeurs ébahis que de temps immé-
morial, depuis qu'il y a des écoles, ce sont les cléricaux qui ont établi les premières, qu'ils ont toujours
été à la tête de l'instruction publique, qu'on ne leur
a jamais contesté le droit d'enseigner la jeunesse, et
qu'il n'est venu à l'esprit de personne qu'on dût les
remplacer par d'autres. Mais en même temps vous
pouviez affirmer devant cette multitude de citoyens si
bien disposés à vous croire, qu'avant 89 le monde
était couvert de ténèbres, et que ce sont ceux qui ont
le mieux manié la guillotine et commandé les fusilla-
des [1] depuis la glorieuse époque de la Convention et
de la Terreur, qui ont inventé tous les arts et toutes
les sciences ! Vos auditeurs n'auraient pas manqué de
redoubler leurs applaudissements.

Vous protestez énergiquement contre les calomnies
des cléricaux qui vous accusent d'être un impie, un
athée, un persécuteur, un ennemi de la Religion !
Vous qui déclarez hautement que vous respectez toutes
les opinions religieuses et philosophiques, toutes les
croyances, tous les cultes, même le culte des idoles, le
culte des esprits, le culte des bêtes et par conséquent
le culte fétichiste de ces rois africains qui, pour
honorer leurs dieux et leurs ancêtres, font immoler
des centaines d'esclaves et se baignent dans leur sang,
vous enfin qui avez la générosité de permettre à
chacun de penser intérieurement tout ce qu'il voudra !
Peut-on pousser plus loin la tolérance ! Vous avez un

______

[1] Sans compter les mitraillades et les noyades.

respect particulier pour les prêtres chrétiens qui s'acquittent des fonctions de leur ministère. Vous allez jusqu'à plaindre le clergé séculier bien plus *opprimé* qu'il n'est *oppresseur*, bien *plus victime* que *tyran*. Que pouviez-vous mieux dire pour le rassurer et gagner sa confiance ? Ce clergé vous doit une vive reconnaissance !

Mais cela ne suffit pas pour désarmer ces faux amis qui ne voient dans vos paroles qu'un venin caché, une hypocrisie diabolique, une dérision. Comment, disent-ils, accorder ce respect de la religion avec votre projet d'obliger les aspirants au sacerdoce de commencer leur éducation cléricale par faire leur service dans l'armée, et de faire leurs études théologiques en portant le fusil et la giberne, s'exerçant à toutes les manœuvres et vivant de la vie des camps pendant quelques années ? N'est-ce pas le moyen le plus sûr de diminuer les vocations et de délivrer en peu de temps la République de la vue de ces prêtres séculiers auxquels vous portez tant de respect ? Mais ce respect lui-même sera subordonné à des conditions inacceptables. Pour le mériter, il faudra n'être soumis ni au Pape ni à l'Evêque, c'est-à-dire renoncer au Catholicisme. Alors la question cléricale, qui depuis longtemps tourmente votre esprit, se trouvera résolue.

La question de l'enseignement qui vous préoccupe si justement vous ramène à parler du danger que les cléricaux de toute nuance, ces incorrigibles ultramontains ennemis de la science, font courir à la civilisation. Cependant, s'ils sont ignorants et superstitieux, comme vous le dites, le mal porte son remède en lui-même ; car quand les pères de famille s'en apercevront, quel est celui qui sera assez imprudent pour confier son fils à ces gens-là ?

Hélas ? vous vous êtes aperçu que ces *fétichistes* ont plus de connaissances qu'il ne serait à désirer, que dans les écoles primaires, les élèves de ces détestables *Congréganistes* l'emportent dans tous les concours, à Paris comme en province, qu'ils inspirent plus de confiance aux familles, et que leurs maisons sont pleines d'élèves. Il paraît qu'il n'y a pas d'autre moyen [1] de faire disparaître leur supériorité que de fermer leurs établissements; et c'est par cette sage opération que vos préfets, sous-préfets, maires et conseillers municipaux préparent la voie au règne de la science universelle que vous avez inauguré à Romans. Et c'est ce que vous vous proposez de faire plus en grand lorsque vous serez le maître absolu de la France.

Car, sous votre règne, sous votre florissant empire, de quelles heureuses transformations ne serons-nous pas les heureux témoins ? Avec les nouvelles et merveilleuses méthodes de votre invention, que vous seul connaissez, et que vous ferez adopter dans toutes les écoles, le monde sera délivré de toutes ces religions enfantines qui l'ont si longtemps tenu dans l'esclavage et qui ont jusqu'ici couvert les intelligences de profondes ténèbres. Les enfants, à peine sortis de leur berceau, verront *descendre*, comme vous le dites, des *sources* les *plus élevées* le *rayon prodigieux* de *la science*, le *germe* des *progrès* de la *raison publique*. Ce qui servira puissamment à ce développement rapide de la raison, c'est qu'on leur enseignera les principes des *lois révolutionnaires*, et de nos *constitutions immortelles* De tous les enfants de la France on fera des *encyclopédistes* qui sauront dès les premières années d'étude les *résultats généraux* de toutes les *connaissances humaines*. Oh ! que ne sauront-ils pas quand ils auront parcouru le cours entier de leurs études ! Oh ! monsieur Gambetta, pourquoi n'êtes-vous pas venu plus tôt au monde !

Qui pourra comprendre l'ampleur de vos réformes et l'efficacité merveilleuse des moyens que vous emploierez pour établir une moralité sans exemple dans votre royaume de France ? On apprendra aux enfants quels sont leurs *droits* et même quels sont leurs *devoirs* d'*hommes*, de *citoyens* et de citoyennes ; les mêmes *idées* et les mêmes *prin-*

---

(1) Il n'y en a pas certes de plus radical.

cipes seront enseignés aux *deux sexes* [1], afin que par *l'union des esprits s'établisse l'union des cœurs*. Or, comme l'école deviendra obligatoire pour tous, il est évident que l'union des esprits et des cœurs s'établira partout, et l'on verra alors ce qu'on n'a jamais vu dans les temps passés, la paix et l'union entre tous les citoyens et les citoyennes de l'Etat, dans toutes les provinces, dans tous les départements, dans toutes les villes, tous les bourgs, tous les villages, tous les hameaux, dans toutes les familles. La déesse de la Discorde s'en ira dans un autre monde ; personne n'entreprendra plus sur les droits d'un autre, plus de vol, plus d'injustice, plus de crimes contre les personnes ni contre les propriétés, chacun pourra laisser sa porte ouverte et dormir tranquille ; les mœurs privées et publiques feront l'admiration des étrangers. On pourra enfin abolir le Code pénal, les tribunaux, les gendarmes, et toute cette armée d'agents de police [2] qui coûtent si cher à l'Etat [3]. En outre tout le monde sera riche, car il n'y a pas d'ouvrier qui en recevant *l'éducation* de *l'esprit* et de *la main* que vous lui ferez donner ne *puisse* devenir *entrepreneur* et *capitaliste* [4].

O sublime philosophe ! O puissant législateur ! quand vous aurez exécuté ce programme, qu'on en verra les merveilleux et prodigieux résultats, on saura que vous êtes non seulement l'homme le plus extraordinaire qui ait paru sous le ciel, mais un dieu auquel il faudra élever des autels ?

Mais avant de commencer, hâtez-vous de faire entrer sous terre tous les cléricaux et leurs fauteurs qui trouvent cela très-emphatique, très-ridicule et odieux. Comment, disent-ils, établir l'union des esprits et des cœurs entre des hommes qui ne croiront ni à Dieu

---

(1) Quelque chose dans le goût de l'ancienne Sparte. Ce sera comme le noble jeu de l'oie, renouvelé des Grecs.

(2) Y compris les mouchards : il y en a sous tous les régimes, sous la république, comme sous les autres.

(3) Ce sera tout à fait radical.

(4) Ce sera le véritable âge d'or.

ni au Diable, ni au Paradis ni à l'Enfer ; auxquels on aura enseigné et inculqué dès leur enfance que nous sommes de la race des singes et des orangs-outangs, que l'âme n'est qu'un souffle qui s'éteint et meurt avec le corps, que chacun doit chercher son plaisir où il le trouve et que les plaisirs et le bien être sont la fin dernière à laquelle nous aspirons ? Est-ce en prêchant une pareille doctrine, est-ce en prêchant l'Athéisme qu'on pourra mettre un frein aux violentes et furieuses passions qui bouillonnent dans le cœur humain et, pour s'assouvir, tendent à en déborder? Si ceux qui croient fermement aux récompenses et aux peines éternelles tombent trop souvent dans de graves désordres, comment ceux que la crainte des peines éternelles n'arrêtera pas dans la voie du crime deviendront-ils sages et modérés en perdant la foi? Et suffira-t-il de dire à des athées, seraient-ils aussi savants que Monsieur Gambetta [1], qu'il convient d'être sages pour qu'ils le soient.

Non, monsieur Gambetta, par votre système anti-religieux, vous mettez en liberté, vous encouragez, vous prêchez la haine, l'égoïme, la vengeance, l'ambition, l'orgueil, la luxure la plus effrénée, la dissolution de la famille et tous les vices. Vous armez les voleurs, les incendiaires [2], les assassins, vous autorisez tous les crimes. Est-ce que l'instruction seule malgré votre merveilleuse méthode d'enseignement, donnera à chacun tout ce qu'il désire, ou l'empêchera d'employer les moyens les plus iniques pour obtenir ce qui lui manque ? Arrêtera-t-elle toutes les convoitises ? A-t-elle jamais empêché la décadence d'un peuple? Non, une éducation sans religion serait plus funeste qu'une ignorance complète ; sans religion il n'y a jamais eu et il n'y aura jamais de stabilité ni de bonheur pour un état, pour une république, moins encore que pour une monarchie, et votre système nous mènerait bientôt

(1) Et même le fameux M Littré, qui a dit, sinon inventé, que l'homme descend du singe.

(2) Y compris les pétroleurs et pétroleuses, fuséens et fuséennes, tous citoyens et citoyennes célèbres dans la commune de 1871.

et infailliblement à la barbarie et à l'état sauvage.

Prenez garde, monsieur Gambetta, que ces ouvriers qui ont applaudi avec tant d'enthousiasme à votre discours, sans le comprendre, ne viennent bientôt à faire réflexion que, pendant qu'ils s'épuisent dans la pauvreté, et qu'ils supportent le poids d'un rude travail pour se procurer les choses nécessaires à la vie, vous qui leur faites des promesses dont ils ne verront pas la réalisation, vous nagez dans l'abondance, et qu'au lieu de leur faire des largesses, vous les leurrez de fausses espérances.

L'abbé KERSAHO,

Recteur de Locoal-Mendon.

Lorient. — Typ. L. CHAMAILLARD.